SOMOS POESIA

Junior da Prata

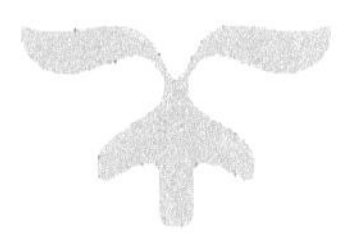

14 DE MARÇO DE 2018
BRASÍLIA-DF
EDITORA DO CARMO

© Copyright by Junior da Prata 2018
Programação Visual Evan do Carmo
Arte da capa: foto do autor
Revisão: Iranete do Carmo

M475m da Prata, Junior

Somos Poesia / Junior da Prata. – Brasília:

Editora do Carmo, 2018.
Brasília-DF

90 p. 14x21 cm. ISBN: 978-85-924126-2-3

1. Literatura brasileira - Poesia. 1. Poesia brasileira. I. Título.

CDU: 821.135.3(81)-1

-

Composto e impresso no
Brasil

Prefácio

Escrever um prefácio de um livro é coisa de fato complicada, pois não raro, os que o fazem exageram na eloquência, parece que a ideia central é superar a obra da qual deseja apresentar. No meu caso, acredito ter cometido alguns enganos, se bem me lembro escrevi muitos poucos prefácios. Contudo, tenho sempre reserva para falar da obra de outrem, sobretudo para não cometer injustiça, mas, vez por outra, sou provocado, especialmente quando me deparo com algo incomum, e neste caso o que me moveu a escrever foi a humildade do poeta em questão.

Junior da Prata é um poeta músico ou um músico poeta, e assim como eu, venceu barreiras intransponíveis para se colocar no mundo da poesia, coisa que outros conseguem com mais facilidade, mesmo que não tenham talento, alguns conseguem visibilidade por gastar dinheiro com apadrinhamento.

Este moço carioca, tem de fato uma alma singular, é simples de natureza nobre, sem falsa modéstia, é leal e um bom amigo. Sobre sua poesia, posso garantir que é de alta estirpe e forjada num crisol de luta e bastante sofrimento, assim como é comum aos grandes espíritos da arte em geral. Gosto especialmente da sua musicalidade, sem perder a qualidade da poesia, ele consegue agregar as duas coisas, rima e conteúdo, com conclusões brilhantes na maioria dos poemas. Também admiro sua voz de bom malandro, sua poesia está repleta de grandes e originais sacadas, coisas que só quem tem alma sensível e atenta consegue capitar.

Sobre ser sucinto e objetivo, acredito que poucas palavras, temperadas com azeite, sal e pimenta, na medida certa, são essenciais, como um aperitivo de entrada, para despertar o desejo do leitor pelo livro, prato principal, afinal que toda honra seja dada ao criador da obra e não ao seu marqueteiro.

Evan do Carmo 14/03/2018

Este livro é sem dúvidas, um grande sonho realizado. Eu dedico essa obra aos meus pais Otair Lopes da Silva e Ana Barbosa da Silva! Agradeço muito a paciência e companheirismo da minha esposa Shirley Silva, que há mais de 30 anos me atura com esse desejo literário! Agradeço muito à Editora do Carmo, aos grandes Evan do Carmo e Iranete do Carmo! E imensamente aos nobres Conselheiros:

Evan Do Carmo
Everton Medeiros
Jânio Varela
José Paulo Fusco
Carmelita Ribeiro
Rosilene Marinho
Jari Zamar

Que me deram essa grande oportunidade de entrar de vez no seleto mundo da Poesia Literária.

Otair Lopes da Silva Junior
(Junior da Prata)

Sumário

DIZEM!

Dizem!
Que poeta vive sempre a sonhar.
Dizem!
Que boêmio vive sempre à cantar.
E que paixão, nunca faz bem...
Dizem!
Que quem se apaixona chora.
Que quem se dedica, sofre.
Por amor, que não se tem!
Porém, quando a gente ama sonha...
Canta de felicidade, porque está amando alguém!
Daí...choro vira poesia!
Sofrências, vira alegria!
E paixão, boêmio tem!
Não adianta a gente, especular...
Preocupado em julgar...
Aquilo que não se tem!
Felicidade, só se encontra quando ama!
Viva a vida, em harmonia...
Que cantar, sempre faz bem!!!

UM PIANO E UM VIOLINO!

O dia se fez noite...
A lua apareceu, enfim!
Nas mãos o nervosismo...
Mas no peito, a paz de um anjo querubim!
Com um olhar atento...
Buscando um argumento...
Pra te trazer pra mim,
Só pra ouvir um sim.
Eu te mandei convite.
O Show, vai começar.
Ao apagar das luzes
Quando a cortina levantar...
Imediatamente na plateia
Eu vou te procurar...
Quero te ver sorrir...
Então a luz se apagou,
Quando a cortina levantou,
Eu não te vi ali...
Todo meu mundo desabou,
A minha voz semitonou...
Confesso me perdi...
Errei a letra da canção.
Descompassou meu coração.
Juro, quase enlouqueci...
Mas ao tocar nosso refrão,
No meu piano, errei o tom,
Você me corrigiu...
Entrou feito um sopro divino,
Um anjo com seu violino,
E afinou minha emoção!

Agora não mando convite,
No meu Show eu sou plateia...
Fico ali, feito um menino,
Esperando em meu Piano,
Você chegar com seu Violino!

UMA TARDE!

Quando passei, em frente ao seu portão,
Não me contive, e parei...
Meditei por uns instantes, e depois chamei o seu nome...
E chamei mais umas duas vezes,
E nada!
Depois de algum tempo, alguém na casa ao lado,
Me gritou: não mora mais ninguém nessa casa moço!!?
E eu fechei os olhos
E tentei imaginar, onde estaria você...
Por que teria ido embora,
Por que, sem falar comigo...?
E naquela tarde meu mundo se perdeu,
E eu virei tristeza!
Mas, quando abri os olhos,
O céu estava azul,
O Sol brilhava forte!
E no rádio, tocava uma canção da Jannis Joplin!
Aquela... que a gente ouviu outro dia!
Minha cabeça, ficou mais leve!
É foda!
Depois do almoço, de barriga cheia,
Um cochilo, um pesadelo...
Que bom!
Você está aqui,
Não estragou o meu dia,
Foi apenas, fantasia...!

DE FRENTE PRA VOCÊ!

Linda!
Você me deixa assim, todo nervoso...
Com as mãos tremendo, e ansioso...
Isso acontece, sempre que estou de frente pra você.
Começou naquele dia,
De uma forma muito simples,
Bastou te ver...!
Sorrindo e cantando, sem perceber,
Que bem ao lado, estava eu,
Tão deslumbrado, só te olhando...
E aconteceu,
Meu coração falou com o seu...
E nessa hora, minha paixão então nasceu!
E hoje, é inevitável,
Basta te sentir, pra te querer...
Te ouvir, pra entender,
Que a partir daquele instante,
Não importa onde eu vá...
Meu destino é você!

POR VOCÊ!

E agora fiquei assim...
Bobo, pateta e sem juízo!
Não preciso de muito,
Basta te ler, te ouvir, te sentir!
Você preenche um vazio em mim, e não tem importância se está
distante fisicamente,
Eu sei que está comigo em pensamento...
E mesmo que o tempo seja breve, quero que você me leve.
Na memória, no sorriso, na emoção...
Porque estou quase certo, que já tenho um cantinho bem aí,
Dentro do seu coração!

SER HUMANO!

Um gesto, uma palavra,
Muitas vezes, sem noção...
Em outras tantas, sem razão...
Um desdém, um mau trato, um deixa pra lá, um eu nem vi,
Um preconceito, defeito, imperfeição...
Quem é perfeito?
Se nem Buda, com todo o seu sacrifício,
Alcançou o Nirvana...!
Quem é melhor?
O dinheiro, a fama,
A sensatez, justiça, a razão...
Ou o pensamento chulo, de uma mente profana?
O ser humano, quantos seres que se dizem...
São humanos?
E o cuidado, a dedicação, o amor ao próximo...?
Serão mero folclore, conto de Monteiro Lobato?
Ufa!
Ainda bem que sim!
Existem seres de verdade, humanos!
Pessoas que se preocupam com a vontade e o sentimento dos
outros...
Com o tão necessário amor,
Um divino e verdadeiro amor...
Amor pela vida, pela história, pela Natureza, pela beleza de ser
quem se é!
Pessoas que dão um..."foda-se",
Ao preconceito racial, social, sexual...
Ao descaso com crianças, idosos, aos menos favorecidos
financeiramente, aos moradores de rua, aos animais...
Somos todos iguais em aparência...
O sangue, é da mesma cor...
Só nos falta a satisfação
De sermos iguais no amor!

SEM PLATEIA!

Em meio à multidão, com tantas cabeças pensantes
E vozes de todos os tons,
Te ouço...
E pareço estar a seu lado...
Ando rápido e parece me seguir...
Dou risadas e te sinto, também sorrir...!
É incrível esse sentimento louco...
Uma foto, uma paisagem, um visual...
As pessoas me olham sem entender
O porque do brilho em meu olhar...
O porque da minha pressa ao caminhar...
O porque do meu sorriso...
O porque nada me incomoda e pareço tão só...
É que sonho, mesmo na realidade,
Acordado, trabalhando, cantando, parado, caminhando...
Eu sonho e vivo!
E pra mim, declamo poesia!
E quem diria, as vezes me aplaudo!
E até me peço bis...!
A plateia no espelho, sempre muito exigente, pede um poema
novo, uma canção, um conto de amor...
E me pergunta, quem eu sou,
Quem é o meu amor...
Então me calo...
E te protejo, e me torno sereno, manso...
Sem dar bola pra plateia...
É que eu gosto de estar com você,
Aqui no meu coração...
Onde só eu te alcanço!

MINHA ALEGRIA FOI PASSEAR!

Acordei e vi o Sol,
Majestoso a brilhar!
O dia vai ser perfeito, comecei a meditar...
E olhando da janela, sorri pra vida!
Que bom, que bela...
Realidade e fantasia!
Tudo em plena harmonia, como letra e melodia...
E então, abri os braços,
Pra abraçar sem cansaço, o que pudesse alcançar...
As flores do meu jardim,
Os bichos do meu quintal...
Pros vizinhos acenei.
Sorri e até cantei...
E quando me preparei
Pra um novo recomeço,
Uma nova realidade,
Um permanente endereço...
Percebi que é carnaval!
E o real é fantasia!
E na minha ilusão,
Ainda sem companhia,
De tristeza virou o dia...
Vou ter que me conformar...
Porque minha alegria
Resolveu ir passear!

DE MARIA A TREM BALA!

E nesse vai e vem...
Que ontem, se ouvia blém-blém,
Hoje, só se ouve gritos e orações,
E sussurros assustados...
Segredos e preocupações...
Mas sempre há alegrias, sorrisos e emoções...
Cantorias, batcum e menestreis...
Um biscoito, um picolé...
Um contador de cordéis...
Um pastor, um violeiro...
Criança, idoso, um abestado bulinoso e alguém pra corrigir
Essa viagem centenária,
De Maria a Trem-Bala!
Existe sempre um que se cala
Diante da evolução...
Um avanço da tecnologia
Diante dos olhos humanos...
Mas a essência da viagem,
Com receio ou coragem,
De Zé, Antônio e João,
Não tem tecnologia que descreva a sensação...
Basta apenas um sorriso,
Do fundo do coração!

VÍTIMAS DE UM SORRISO!

Quantos inocentes pagarão,
Pela imprudência de um sorriso...
Quantas mentes podres viverão,
Soltas pelo Mundo sem juízo...?
Com certeza somos os culpados,
Por que aceitamos sem lutar,
A incompetência dos abutres,
Que nunca se cansam de voar...
E com olhos sempre afiados,
Pensam sempre em se alimentar,
Da comida que já está posta,
Pois sentem preguiça de caçar...
Com uma caneta no bolso
E um microfone na mão,
Escondo minha poesia,
Mais canto um belo refrão...
Que fala de alegrias e coisas boas então...!
Como buscar esperança com muita imaginação...!
Para esquecer os abutres,
E resgatar o juízo,
Nada melhor que criança,
Dando um belo sorriso!!!

NO PEITO UM REGADOR!

E adubei a terra...
E espalhei sementes...
E reguei com alma e coração...
Foram longos e prazerosos
Os dias de germinação!
E as sementes se fizeram brotos...
Raízes se espalharam e nasceram as primeiras folhas...
Sorrisos, carinhos, afetos...
E um regador sempre no peito!
As folhas se mostraram belas e felizes!

Tudo parecia tão perfeito
Que por um instante esqueci o regador...
Pensando que apenas com o meu olhar
O sonho viraria flor...!
E sem perceber, o verde foi mudando a cor,
A terra virando poeira,
E a vida perdendo o sabor...
Numa manhã de sol,
Corri pra o meu jardim,
Enchi o peito de amor e beijei cada botão,
E reguei, mexi na terra, tirei folhas secas...
Fiz canção!
Montei um acampamento,
Cultivei cada momento,
Pra tentar me redimir da minha desatenção...
Nos momentos de angústia entreguei o meu amor,
E cansado adormeci, abraçado ao regador...
Mas foi quando despertei
Que veio a satisfação,
Em mais um dia de sol, tudo era poesia, magia do Criador!
As sementes que eu plantei,
Com corpo e alma reguei,

Entregando o meu amor
Como prova de carinho,
Enfeitaram o meu jardim
Se desabrochando em flor...!

APENAS POESIA!

Uma tarde, um lampejo,
O poeta cantador pegou caneta e papel e resolveu, sem pensar,
Vou fazer uma canção
E acalmar o coração,
Mas como isso pode, pensando sempre
Em você!?
Vou ter que fechar os olhos e tentar te apagar...
Só assim sem te ter na mente
Pra eu poder me acalmar!
Você pra mim, é magia...
É apenas poesia...
Um sorriso, uma alegria, um sei lá...
Com ou sem razão, esquecer, acordar, não querer,
Ou querer sem te ter...
E saber que o melhor
É te ter...
Mesmo que seja, só pra ver...
Ouvir, sentir sem tocar...
O calor?
As palavras aquecem a alma,
E a mente, talvez doente, em emoção se cala...
Só que eu, sonho ainda...
Estou respirando e
Posso usar uma caneta e um papel!
E como um Tango de Gardel, o vento sopra aos quatro cantos...
Eu fecho os olhos, me levanto e te seguro pelas mãos...
E com você arrisco uns passos...
Tomo a bailar pelo salão...
E respirar tua paixão!
Ao acordar na ilusão,
Não poderei ouvir um "sim',
Foi só um sonho, fantasia...
Não ter você...

Como eu queria...
E nem te ouvir gritar de alegria...
Sem maldade, sem malícia...
Com apenas poesia!

UM TREVO!

E perdido eu estava
Sem saber a direção...
Se para o Sul ou para o Norte,
Procurei em um jardim,
A resposta pra essa sorte...
Nada me chegava, nada...
Uma pedra lá no fundo
Me chamou a atenção,
Mexeu com meu coração...
Um súbito sentimento,
Uma coisa, um momento...
Parei e refleti...
O que é que têm ali...?
Me perguntei então...
Uma luz me acendeu, me fez parecer mais forte,
Me deu rumo e valor...
E agora, sigo sempre...
A direção que me aponta
O meu trevo, meu tutor!

UM BOM OU MAL ESPINHO!

Ah! O amor...!
O que dizer quando se tropeça em uma rosa,
E percebe-se que em seu galho tem apenas um espinho...?
Justamente esse espinho, tão pequeno e quase sem ponta
te acerta a alma e o juízo!?
E mesmo que não provoque dor,
Te acende um sentimento puro, um bem querer descontrolado,
Um calor no peito e uma vontade louca de sorrir...
Um espinho com várias vertentes e uma direção,
O coração...
O seu, o meu, o de todos...
Provocando conflitos!
Olhar direto, e uma incrível necessidade de estar e de sentir
Quem se quer...
O abraço, o aconchego, o carinho...
Um espinho, uma flor, uma paixão...
Um batimento cardíaco descompassado...
Um pensamento sem pudor...
Um deslumbramento sem cor...
Um tormento, chamado amor!

ENQUANTO!

Enquanto o vento sopra
E as folhas caem, parecendo outono...
Enquanto o Sol ilumina os campos verdes...
Enquanto as aves cantam e anunciam um dia novo...
Enquanto todos correm...
Enquanto outros riem...
Enquanto festejam a Vitória...
Enquanto cultivam rosas...
Eu apenas sonho
Com um grande presente
Fora de época, me dado por Papai Noel...
Uma linda e perfumada flor!
Um sorriso franco!
Uma canção sem dor...!
Uma foto em preto e branco!
Um hoje, um agora, um amor!

DESAPEGO!

Ao contar os passos me perdi em ilusões
Quando percebi que a estrada parecia não ter fim...
Uma longa reta!
Onde ao redor, não havia arbustos
E por não ter sombra, o chão parecia ondular...
Os olhos ofuscados, a pele suada,
E os pés querendo fraquejar...
Mas a vontade de chegar...
Me manteve focado e certo, de que algo especial,
Estava me aguardando...
E uma esperança me fez renascer!
Sim vou chegar, de certo que vou...
Acelerei o passo, confiante,
Que a resposta seria um sorriso,
Um "eu gosto", um "eu acredito"...
E me fiz canção...
Com um refrão feliz!
Desejei Vitória, profetizei o amor,
E me tornei mentira,
Um caco no azulejo...
Um cristal quebrado...
Um bagaço mastigado...
A marca de um beijo!
Ao te olhar nos olhos e constatar que "sim",
Existe um desapego!!!

ESPELHO!

E de repente um brilho forte,
Fez clarear o Norte...
Um arder nos olhos, um embaçar da visão...
E tudo se fez beleza,
Encanto da Natureza,
Um sonho, uma ilusão...
Suspiros foram lançados, sorrisos exacerbados,
Extravasar de emoção!
Uma escova no cabelo,
Um leve cortar de pelos...
Um belo e caro batom!
Um perfume importado...
Um alô, ao ser amado,
Um te espero no portão...
E depois a luz se apaga,
Todo o brilho assim se dissipa,
Se despede a paixão...!
E na escuridão do quarto, a magia do espelho,
Se transforma em solidão!!!

MOTIVO!

E só existia o silêncio!
Palavras sem sentido...
Dicas e direções adversas...
Vontades, sonhos e desejos,
Frustrações e medos!
Um vazio, sem Precedentes...
E procurei o barulho, o som,
Um grito de alerta, uma canção...
Um alguém...
Uma voz que mesmo longe do ouvido,
Me fizesse despertar os sentidos...
E sorrir, mesmo sem motivos,
Ou com o motivo de ter ouvido essa voz...
E só existia o silêncio!
Um café forte, um sem noção...
E de repente...!
Um chamado no portão,
Um presente, uma magia, uma poesia...
E quando pensei que
Naquele momento nada mais me valia...
A calmaria virou Poema!
A escuridão virou luz!
E o silêncio, transformado em música boa,
Rock, Blues...
E um grande motivo pra continuar...
Sem pressa, sem temor de caminhar...!

O IDEAL!

Quando eu caminhava sem rumo, por aí...
Apenas com meus sonhos de menino...
Não podia sequer imaginar...
Que o Mundo seria azul,
O Mar, salgado,
E a Fome tão pesada!
As esquinas da vida, apesar de longas,
Foram me mostrando que existem vários tipos de Fome...
Fome por comer...
Fome por saber...
Fome por querer...
Fome por ser e dar amor!
E pude ver que nada está tão distante...
O bem e o mal caminham lado a lado...
Em qualquer seguimento...
Isto é um fato!
Releve e viva!
Porque quando se quer o bem,
Quando se deseja o amor
Ou um amor,
Se procura sempre o melhor...
Aquele, aquela ou aquilo,
Que nos encaixes, que seja o número exato...
Que nos faça feliz!
Porque, como disse o gênio Albert Einstein:
" Não existe o impossível, quando há o ideal! "
E quem batalha, e conquista o seu ideal
É você!!!!

SUBLIME!

Assim, igual a você,
Que sorri e encanta,
Que faz a Natureza,
Ficar mais feliz quando se levanta...
Que faz o Sol perder o brilho...
E as aves gorjearem pra mostrar que está feliz!
Você é linda!
E o seu olhar iluminado
Faz do dia uma magia...
E alimenta a alma do poeta,
Transformando as palavras, os sonhos e os desejos,
Em sublime poesia!

POR UM DIA!

Espero pelo dia
Em que traga seu desejo...
E me peça um longo beijo
Recheado de paixão...
Que me deixe te abraçar...
Em teu corpo me esquentar...
E mostrar o meu tesão!
Espero pelo dia
Em que me entregue o teu sorriso,
Me dizendo que preciso
Alegrar meu coração!
Espero pelo dia que me alivie a dor,
Alentando com teu sexo,
Essa louca fantasia...
Nem que seja, por um dia...
Me enchendo de amor!

APENAS PAZ!

Nós estamos aqui solitários...
Servindo o que e a quem...?
Esquecidos no leito da vida...
Um alguém transformado em ninguém...
Cabeças que pensam e repensam,
Um incerto futuro da alma...
Corpos largados ao vento,
Desespero, à procura de calma...
Uma triste realidade alheia,
Onde cada um segura o seu...
Cabeça, joelho, tronco, pé...
Um só Deus atendendo a tanta fé...
Os Pedros, as Marias e os Zés...
De joelhos, desejando Paz...
De espírito, de corpo, de alma, de amor...
Ah! O amor!
Onde foi parar...?
O amor ao próximo, ao Pai, à Mãe, a Si e à Vida!
Nós estamos aqui!
Precisando de um olhar no olho!
Uma resposta justa...
Um abraço, um sorriso...
Uma esperança, um alento...
Com uma certeza,
Querendo apenas Paz!!!

PREFIRO!

Eu,
Prefiro seguir você e ficar te admirando!
E da brisa que em teus cabelos passeia,
Sentir o perfume que a meu olfato presenteia...!
E contigo caminhando ao alcance da visão,
Me deleito com a beleza que teu corpo espalha!
E respiro o ar que de tua boca exala!
E quando me olhas tentando disfarçar,
Eu viro para o lado fingindo nem notar...
Olho à minha volta, reduzo os meus passos...
Pareço desatento...
Mas não perco seu rastro...
E com meu coração, eu traço um caminho
De sonho e ilusão!
A timidez que tenho e sempre me acompanha,
Me faz ficar distante,
Amando em solidão,
Sem correr o risco de te perder, então...
Assim prefiro!!!

SÓ MINHA!

Ah! Se você fosse só minha...!
Se deixasse eu te tocar...
Ficaria todo prosa...
Gritaria para o Mundo,
O quanto é tão profundo,
O que tenho pra te dar!
E te faria gracejos...
Se você fosse só minha...
Uma canção eu faria,
Uma bela poesia!
Te cercaria de estrelas,
Com centenas de Marias!
Escalaria a mais alta montanha,
Se você fosse só minha!
Eu velaria teu sono,
E a chamaria de Rainha!
Brigaria com o Sol,
Acabaria com o dia...
Só existiria noite!
O teu brilho soberano
Com a vida protegeria!
És a lua dos poetas!
Aos amantes faz magia!
Ah! Como seria bom...
Se você fosse só minha!!!

O NOVO!

E eu caminhei...
E conheci, novos horizontes...
E desbravei sorrisos!
Pude ver com um novo olhar...
Senti um novo perfume, e renasci...
Sentidos foram aflorados,
Sentimentos aguçados!
E sonhos...!
Ah! Os sonhos!!!
Todos renovados!
Antes, eu pensava em ter...
Agora, eu penso em manter...
Antes, eu pensava em conquistar...
Agora, eu penso em guardar...
Manter a vontade de ser vencedor...
E guardar a certeza de ser quem sou...
Quando me vejo no espelho,
Eu sei que meu sangue é vermelho,
E que o chão está sob meus pés...
Se hoje eu sou um oito e meio...
Se eu me esforçar mais um pouquinho,
Também posso ser um dez!
Meu presente eu ganho sempre,
Ao acordar toda manhã...
Um respiro, um alento...
Uma mordida na maçã!!!

EU COMIGO MESMO!

E na calmaria da manhã, revi meus pensamentos,
Senti meus medos e refleti minhas atitudes...
Quantos versos e prosas!
Quantos sonhos e sonetos!
Quantos poemas de amor!
Quantas vontades infundadas!
Quantos sentimentos de dor!
Quantas estações eu visitei, no trem das minhas ilusões!
Quantas "Elas" passaram por mim!
E quantas pararam pra me dizer um simples "oi"!
Quantas vezes eu ouvi um "sim"!
Quantas vezes quis ouvir um "eu estou aqui"!
Quantas vezes fui egoísta!
E quantas fui pessimista!
E quantas batalhas eu perdi!
Mas lembro quantas venci!
Acordei, olhei pra o céu e agradeci!
Ahhh! Quantas manhãs estou aqui!
Quantas vezes o Senhor olhou por mim!
E busquei um velho poema que escrevi!
E quanto mais eu lia, mais a sorte me valia!
E pude ver que tudo é bom,
Até um violão sem cordas,
Uma folha de papel, amassada,
Um rádio que não emite som!
Quando a gente põe a mão no peito
E sente a vida bem viva,
Nas batidas do nosso coração!!!!

IGUAIS!

Vejo flores sem jardim...
Vejo frutos sem pomar...
Olhos tristes,
Bocas a calar!
O vento sopra e folhas caem...
Parece outono!
Ontem não choveu,
O chão está rachando,
Os cães procuram uma sombra...
Eu procuro por viver...!
Ainda posso!
Sou jovem e consigo me mover,
Alguém deve estar me aguardando...
Se a poeira abaixar, eu posso ver...
O céu está nublado,
Já vai escurecer...
Perdi meu telefone,
Mas pra quem irei ligar?
Conheço só você...!
Melhor ficar descalço...
Não, não sei sorrir...
Apenas canto e falo
"Sim ou não"...
Quando quero eu peço...
Um carinho um afeto!
Hoje é que dia?
Ah sim!
Entendi, não somos normais...
Somos apenas inimigos da razão,
Perante Deus, iguais!

IGUAIS EM DEMASIA NA EMOÇÃO!

Deixa como está...
O meu amor não é maior que o seu...
O meu calor, também aquece!
Minha canção você consegue ouvir...
O seu sorriso, eu ouço daqui...
Você e eu ao mesmo tempo...
Somos iguais em demasia na emoção...
Somos amor, carinho e afeição...
Ficamos bravos em um rompante...
Você, centrada...
E eu kkkkkkkkk!
Vamos viver nosso momento...então!
Deixar fluir magia e vibração!
Nos encontrar em um romance...
A sua calma me apetece!!!!!
Mas seu olhar me abranda o coração,
E tranquiliza o sentimento...
Sigamos juntos essa estrada,
Que pode até não dar em nada...
Mas se há querer, já existe algo de bom,
Eu acho até que posso ter razão!
Somos iguais em demasia,
Na emoção!!!!!

FUI EU!

Fui eu, que encontrei o teu amor...
Fui eu, que me aliviei a dor...
Fui eu, que aceitei o teu carinho...
E não vivo mais tão só...
O sorriso me acompanha...
Me faz ver que ainda posso ser feliz!
Fui eu, que abriu teu coração...
Fui eu, que te trouxe emoção...
Fui eu, que te mostrou o caminho,
Pra você me encontrar...
Enfeitando ele com flores...
E agora você veio me abraçar...!
Fui eu, que hoje acordei sorrindo...
Fui eu, que sonhei com teu calor...
Fui eu, que acreditei no beijo,
Que você disse que agora quer mostrar,
Junto com o teu abraço terno,
E a mais pura vontade de se dar!
Então vem, chega mais perto...
Fecha os olhos, confia e me deixa te amar!!!
Sim, fui eu!!!

FOLHAS!

São verdes,
São amarelas,
São bicolores,
Algumas vezes são flores!
Quando secam mudam de cor...
Se criadas pelo homem
Viram folhas de papel...
De magia e de arte...
De estudo e de canção...
Umas lisas, outras com pautas...
(Não importa...)
O poeta escreve versos...
O desenhista, o coração...
A música, o maestro...
O professor, a lição...
Folhas...
De papel ou naturais...
Do caderno ou da roseira...
Do livro ou do jornal...
Eucalipto ou mangueira...
De papel ou vegetal...
São na vida, com certeza...
Presente da Natureza!

TÔ!

Tô com saudades de você...
Dos teus carinhos...
Do teu sorriso...
Do teu abraço...
Do teu encanto...
Do teu amasso...
Tô com vontade de você!
Do perfume...
Dos cabelos...
Do calor...
Dos desejos...
Da boca...
Da pele...
Do beijo...
Do sexo...
Tô com pressa de você!
De te tocar...
De te abraçar...
De te agradar...
De te fazer sonhar...
De te arrancar suspiros...
De te causar delírios...
De te fazer sorrir...
De te amar sem fim!!!

O QUE É SOLIDÃO?

E eu que queria saber o que é solidão...
Fiquei por horas conversando com meu coração...
Será que esse tempo em que eu estou caminhando sozinho,
Indo de bar em bar...
Sem olhar as pedras do caminho, tropeçando e às vezes caindo
no chão...
Sem alguém pra me levantar...
Será que isso é solidão???
Agora chega!!!!
Eu vou mudar a minha vida...
Encontrar um amor que me mostre a partida...
Viver daqui pra frente com muita emoção,
E uma paixão...!
Vou ter amigos que me puxem a orelha,
E não me deem guarida!
Amigos de verdade são pra toda a vida...
E não apenas aqueles que se tem no balcão!
E eu confesso, estou cansado dessa situação!
Chorei querendo entender o porquê dessa desilusão...
Pois é, nessa vida sem sonhos, sem amor, sem carinho...
Eu pensei que pudesse fazer meu destino...
Sem querer uma ajuda, uma mão, um sorriso, um alguém pra me
abraçar...
E então...
Fiz da arrogância, solidão!!!

COM SONO!

Ela está cansada,
Ela está com sono...
Mas o seu sorriso conforta...
E nos faz sentir o dono...
Dono do momento de paz...
Dono do momento de luz...
Dono do momento de alegria...
Que o seu sorriso nos conduz...
Uma pequena gota de esperança,
Em um oceano de guerras e angústias...!
Ela está cansada,
Ela está com sono...
Mas ela é forte...
Ela suporta o peso de um dia...
O calor de uma brasa, o desejo, a vontade de viver melhor...
E o sonho de voar, sem asas...
Ela é uma menina, uma mulher...
É encantadora!
E por aí só sabe definir o que quer!
Ela está cansada,
Ela está com sono...!

Poema inspirado na frase "Ela está cansada, ela está com sono",
das amigas Andréa Máximo e Elizete!
Valeu meninas!

POR SI!

Você não pode
Condenar meu coração...
Onde há luz, há esperança de viver uma paixão!
Um acorde, uma canção, uma frase de amor...
Um abraço, um carinho,
Podem aliviar a dor...
Cada um sabe o que tem...
E o que deixou de ganhar...
E nem sempre o que se perde
Se consegue encontrar...
Mas não se deve desistir...
O rio segue a maré,
E a vida pode trazer de volta...
Um animal de estimação, um objeto em vão...
Ou o amor de quem se quer!

NÃO IMPORTA!

Cada pingo é um momento,
Cada choro um sofrimento,
Cada sorriso um alívio,
Cada abraço um acontecimento!

Um abraço de amigo,
Um abraço de amor,
Um abraço de paz,
Um abraço na dor!

Um sorriso de vitória,
Um sorriso de desejo,
Um sorriso de "eu posso",
Um sorriso de "um dia eu te vejo"!

Um choro de tristeza,
Um choro de alegria,
Um choro de "eu consegui",
Um choro de magia!

Um pingo de esperança,
Um pingo de saída,
Um pingo de Fé,
Um pingo de amor à Vida!

Temos corpo e temos alma,
Temos mente e razão,
E temos sim, o "Sangue Vermelho",
Não importa Cor da Pele, Raça ou Nação!!!!!!

ALÉM DA VISÃO!

Um sonho além da visão,
Um barco ancorado no cais...
O Mundo na palma das mãos...
E pombas trazendo a paz...
Disparo em sua direção...
As flechas de um cego cupido!
Com frases daquela canção,
Cantadas ao pé do ouvido...
Não tem que ser assim,
A infância não passou...
Não vai ser tão ruim,
Brincar de ter amor...
Piratas cruzando os mares,
Donzela na torre a gritar...
Coroas de Reis solitários,
E muitos querendo roubar...
Tesouro no peito guardado,
São flores pra compartilhar...
Segredos, encantos, magia,
De bocas querendo beijar!!!

PERDIDO!

Eu sonhava com teus olhos, me olhando sem certeza...
Minha sombra na varanda, meu caderno ali na mesa,
Era bem à tardezinha, na hora do pôr do Sol...
Você na porta, tão linda,
Enrolada no lençol...
Eu podia sentir o calor,
Que no meu corpo ardia...
Tudo era tão real,
Havia tanta magia!
As palavras de amor...
Os sorrisos de alegria...
Os carinhos sem pudor...
O desejo, a fantasia, o sexo...
E acordei assustado,
Sem me lembrar do teu rosto,
Se na verdade existe...
Ou se é só ilusão...
Um Anjo doce, uma flor,
Que embeleza meus sonhos
E acalma meu coração!
Então peguei essa rosa...
E trouxe ela comigo...
Quem sabe você me encontra,
Pra eu não ficar mais assim...
Me sentindo tão perdido!!!

PODE SER!

Pode ser que eu vá sorrir...
Pode ser que eu vá chorar...
Pode ser até que você vá...!
A estrada é longa,
E poeira vai brotar!
O amor é um fato que pode até acabar!
A paixão é um fato que se acaba sem notar...!
Dos olhos rolam lágrimas...
Da boca sai um sorriso...
Saudades a gente sente...
No momento indeciso...
Porém, estamos aqui pra o que Deus quiser!
Eu, você, a estrada, a saudade...
A paixão, o amor, o destino...
Os sonhos de menino...
Quem sabe o que vai acontecer amanhã...?
Nem eu, nem você,
Mas a gente talvez...
Pode ser...

MEU DESABAFO!

E como desabafo, eu chorei,
E lamentei o tempo que perdi,
Tentando conquistar um coração
Que já não cabe amor...

Um coração que virou pedra,
E que se fechou pra o sonho
E pra paixão...
E que tem medo de ser feliz...!

Talvez pudesse entender...
Se soubesse os motivos...
Mas não cabe a mim julgar...
Apenas aceitar...!

E como o tempo não para...
Eu posso sim sonhar e desejar...
Que esse coração se abra feito flor...
E solte seu perfume em minha direção!

Pra perceber que estou sempre aqui...
Que ele pode de mim se aproximar,
Encostar em meu peito, sorrir...
E reaprender a amar...!

AMOR DE ADOLESCENTES!

Ontem eu passei em nossa rua,
Vi crianças a brincar...
Vi a bola na calçada,
Parecia me chamar...
Sua sombra na janela,
O cachorro a latir,
Uma voz cantando alto...
E sua mãe a sorrir!
Olhei pra o céu, senti o Sol...
Lembrei da lua e do mar...
Fim de semana em Arraial!
Eu e você a namorar...
Ontem eu percebi que com o tempo,
Nem tudo, dá pra consertar...
Mas também, vi que do passado,
Tem coisas boas pra lembrar...
Nosso romance na varanda,
Seu Pai chamando pra entrar...
O seu sorriso de criança,
E do "pra sempre vou te amar"!!!

CONTROVERSO

Onde rosas não tem cheiro,
Onde flores não têm cor,
Onde o falso é verdadeiro
E o beijo é sem sabor...
Onde rico é estar pobre,
Onde belo é estar feio,
Onde o princípio é o fim que começa pelo meio...
Não sei se pra estar, tem que partir...
Se pra chorar tem que sorrir...
Quero ninguém pra ter você...
Quero sair só pra ficar...
Quero amar, mas não sei odiar...
Onde verde é ser azul...
Onde pouco é ter tanto...
Onde nada é tudo enfim...
E o não é sempre um sim!
Onde não sei...só pra saber...
Onde eu paro...só pra correr...
Onde não quero, só pra querer...
Eu não morro apenas pra poder viver!!!!

AH! SE EU PUDESSE!

Quando te olhei e te notei...
Tão decidida, sorriso farto...
De amor à vida, tão bela!
Como a luz do fim do ato...
E ao ouvir o som da tua voz,
Que na canção me fez voar...
Fechei os olhos só pra sonhar com o encanto
E a alegria de te amar!
Ah! Se eu pudesse entrar
Na tua vida assim...
Mostraria para o Mundo
Que eu te tenho e é real...
Que das teclas de um Piano
Saem sons e fantasias, transformando corações...
E ao abrir a cortina e soar a melodia,
A magia da emoção me fez despertar a alma...
Que ao te perceber refrão da minha canção discreta,
Alterou o meu compasso...
Me fez encontrar o tom,
Cochichando em meu ouvido
O sentido da paixão!!!

VONTADE!

Pode ser
Que o momento seja apenas ilusão...
Que a nossa história fique só na intenção...
Pode ser...
Que o nosso beijo diga apenas um olá...
Que o nosso abraço seja só pra esquentar...
O frio que ficou daquela solidão...
Eh...mas a vontade de te ter é bem maior,
Que qualquer dúvida que assombra o coração...
Um sentimento que me tira da razão...
É bom esse querer,
Essa paixão!
Pode ser...
Que você diga que ainda é cedo pra ficar...
Que não está certa, se está pronta pra me amar...
Pode ser...
Que não entenda que não tem explicação...
Que quando a gente quer, vontade é paixão!

LUA BRANCA!

Foi sem intenção o meu querer...
Quando te chamei pra conversar...
Era apenas desabafo de amigo,
Mas teu sorriso me abalou,
Mexeu comigo...
Era só pra gente se entender...
Era pra você me escutar...
Pra que sorriu?
Porque me olhou daquele jeito?
Me encantei, e hoje o meu defeito
É só te amar!!!
Lua branca, minha Rainha...
És a razão do meu viver!
Dos Poetas, tu és a Musa,
E dos amantes, tu és saber!
Fico a te esperar todas as noites,
Pra pedir conselhos a você...
Sou apenas um Poeta errante...
Tenho no amor, muito a aprender...
Sigo sempre tudo o que me mostras
Com seu brilho a me iluminar...
E se eu tropeço no caminho da paixão,
Olho para o alto,
E ao te ver tão bela, o meu juízo
Volta pra o lugar!!!

ERA PRA SEMPRE SOLIDÃO!

O teu sorriso me distrai...
Quando estou perto de você
Eu esqueço do amanhã...
Me perco no que vou fazer...
Meu pensamento é te querer!
Esse teu jeito me atrai...
A tua voz me faz viver...
Não sei o que me aconteceu...
Olha, esse cara não sou eu...
Estou tentando me entender...
Diz pra mim o que fez com meu coração,
Que mudou minha decisão,
De ser pra sempre solidão...
Faz assim, já que alterou minha razão,
Encontre uma solução,
E vem viver essa paixão!
Pois antes de te conhecer,
Na minha mente, o meu viver,
Era, pra sempre solidão!!!

SENSAÇÃO!

Tive um certo receio quando te olhei,
Uma sensação estranha...
Parecia que a qualquer momento você me diria um sim
E eu não saberia o que fazer...
Por várias vezes desviei o meu olhar, e apaguei meus
pensamentos...
Procurei em outras direções um motivo pra não te olhar...
O que piorava aquela sensação...
Você tão linda...!
E eu apenas um menino,
Encantado com um momento especial...
Esperando uma resposta, um olhar...
Com uma incrível sensação de que poderia dar certo...
Uma magia, uma alegria...
Um perfume, uma ilusão, um sonho...
Você ali, tão perto!
Um sorriso aberto, cabelo molhado e o pensamento distante...
E em mim,
Ainda continua aquela sensação do sim...
Eu, você, a emoção, o amor...
O desejo, o coração...
Ah! E essa tão estonteante sensação!

UM CARA!

Eu sou um cara que vive por aí...
Que gosta de amar, que gosta de sorrir...
Eu sou um cara que vaga sem destino...
Que vive procurando um sonho de menino...
Eu sou um cara apenas mais um cara,
Que escutou Cazuza, curtiu Renato Russo
E a Banda Obtuza...
Eu sou um cara, simplesmente um cara...
Que se banhou na chuva, que usou calça Lee
E que pintou a blusa...
Eu sou um cara, o mais feliz do mundo...
Que namorou a lua e um dia se casou
E ganhou de presente a oportunidade
De se tornar Avô...!!!
Ehhh...eu sou um cara!!!
Que como vários, tropeçou na pedra,
Teve desencantos e desilusões...
Mas que acredita ainda no amor!
Que conhece a musa e diz pra o coração,
"Hoje você pode viver essa paixão"!!!
Eh...de verdade, eu sou um cara!
Que tem a poesia como musa, a arte como inspiração...
E os sorrisos de quem pode ser feliz, como destino!!!

MEU PARAÍSO!

Hoje eu acordei desejando você...
Hoje eu acordei te querendo...
Fiquei a noite toda sonhando em te ver...
Nem que seja por um momento...
Eu traço um caminho,
Eu conto as horas,
Eu vou em direção ao Sol,
Eu acredito no sim...
Sonhar é possível,
Conquistar é a meta...
O não já não existe, então...
Por que desistir?!
Fiquei um longo tempo, tentando entender,
Onde fica o paraíso...
Então naquele dia em que eu vi você,
Notei que eu não tinha juízo...
Daí você sorriu e eu percebi
Que dei de cara com meu paraíso!!!

UM BEIJO!

Um beijo faz fluir um novo sentimento...
Olhei você partir, pensei...
Por um momento podia ter você,
Depois, o esquecimento...
Mas preferi conter o meu encantamento...
E o Vinho que bebia mudou meu pensamento...
Nu fundo, o tom do violão,
Me fez voltar no tempo...
E sua voz cantando aquele blues,
Encheu a minha noite de luz...
E aquele olhar que a mim seduzia,
Fez o meu sonho virar poesia...
E o toque, minha mão sua mão,
Inibiu seu agudo que se escondeu no batom...!

A PRIMEIRA VISTA!

À primeira vista,
Não te percebi, não te olhei nos olhos, não te dei motivos!
À primeira vista,
Não pensei sorrisos, não ouvi palavras, nem sussurros ouvi!
À primeira vista,
Não haviam flores, não haviam aves, não se ouviam canções!
À primeira vista,
As mãos não tremiam, os olhos não piscavam tanto, as pernas
não ficavam bambas!
À primeira vista,
Era fácil entender o passo, escolher o caminho, desatar o laço!
À primeira vista,
O coração não perdia o compasso, o pensamento seguia o
entendimento, a razão coordenava a emoção!
À primeira vista,
Tudo era o silêncio, o vento acalmava o calor, um analgésico
abrandava a dor!
À primeira vista,
Não existia a luz, não existia o barulho, quase nada tinha valor!
À primeira vista,
Meu eu não conhecia de verdade o sentido da palavra amor!!!

ARMADILHAS DA MENTE!

Estava quieto olhando para o nada...
Pensando no ontem e tentando entender o hoje...
Falando comigo, sorrindo e sonhando...
Talvez até feliz!
A paisagem ao meu redor me fazia voltar...
E as lembranças de um momento especial,
Me relembravam uma bela canção!
Então em um instante você passou em minha frente,
E sem perceber me fugiu o pensamento...
E um silêncio tomou conta de mim...
Só conseguia ouvir meu coração...
E uma visão afixada em minha retina
Transformou meu pensamento e me fez cair em uma
armadilha...
Agora estou preso, vou a lugares que não conheço, sinto desejos
que não realizo...
Imagino sabor em minha boca, calor em meu corpo, toque em
minha pele...
Som em meu ouvido, um crescer à minha libido...
E não consigo ficar triste, parece incrível!
Estar assim contente, mesmo sendo um prisioneiro das
armadilhas da mente!

VIROU PAIXÃO!

Pensei que você não ia saber a hora de me aproximar...
Lutei pra fazer você entender que entre nós não ia rolar...
Achei que podia esquecer, que eu queria te beijar...
Fiquei lutando contra o meu querer...
Por isso vim te procurar!
É não deu, sua beleza me encantou...
Seu jeito doce, seu falar...
Seus olhos lindos, seu calor,
Mexeram com meu coração,
Virou paixão!
Agora, não tem mais jeito de mudar
A letra da nossa canção...
Já era, você me fez acreditar,
Mexendo com minha razão...
Por isso eu vim aqui pra te mostrar,
E te dizer em alto tom,
Que hoje não adianta eu lutar...
Meu coração só quer te amar!
É não deu...sua beleza me encantou,
Seu jeito doce, seu falar,
Seus olhos lindos, seu calor,
Mexeram com meu coração...
Virou paixão!

MEUS MEDOS!

Tenho medo do que vem...
Tenho medo do que sei...
Tenho medo da certeza...
O que vem, não sei se fica...
O que sei, nem sempre é certo...
E a certeza quase sempre é mentirosa!
Sou mais um sorriso no rosto...
Um boné na cabeça...
Os pés no chão e Deus no controle!
Um dia de cada vez...
E a vontade de continuar...
Se possível, sempre feliz!
E com meus anseios e atropelos,
Ainda acerto!
No mais, com todos os meus medos...
Vida que segue...!!!

QUANDO TUDO É DITO NUM OLHAR!

Parecia um dia de rotina.
Tudo igual, o mesmo pensamento...
E eu, com meus momentos vazios,
Sem ter um ponto, uma vírgula...
Apenas um sonho, uma interrogação,
E caminhei como de costume...
Sem pressa ou direção...
Contando os passos e fantasiando,
Imaginando mil e uma formas de paixão...
Romances literários, realidades, ilusões...
Sem saber que o destino
Me preparava uma surpresa...
Um encanto, uma alegria
E em um instante de Poesia!
Me deparei com um olhar
Que sorrateiro me seguia...
Sem me deixar perceber,
Fixei minha atenção, busquei...
Procurei, me fiz presente...
As palavras se prendiam em minha boca...
E de repente o silêncio...
Não ouvia gritos, gargalhadas, canções,
Apenas o coração...
A respiração...
E a voz de um olhar, aquele olhar,
Que me dizia sem medo, um segredo...
E me pedia um abraço,
E me chamava, me conduzia...
E como magia me prendeu!
Pude entender e responder...
Que sim, eu vou ficar!
É impossível resistir à emoção...
À tentação, ao desejo...

Ao magnetismo e à vontade de amar...
Se a paixão simplesmente nasce,
Quando tudo é dito num olhar!!!

ESSA É A LEI!

Eu já te falei
Que é pra não olhar pra trás...
Eu já te falei
Que não existe nunca mais...
Essa é a lei...
O que passou, foi bom demais!
A gente estava lá e viveu...
Se bom ou se ruim, aconteceu...
E de tudo o que ficou, é só lembrar...
Eu já te falei
Que o melhor sempre virá...!
Eu já te falei
Que você tem que acreditar...
Essa é a lei...
O bom é ser feliz, e sonhar!
Na luz de cada dia, brilhar!
A vida é poesia, é cantar!
Então, vamos viver e amar!
Eu já te falei
Pra não se lamentar, e sofrer...
Eu já te falei
Que eu estou aqui, com você...
Essa é a lei!

SEM SABOR!

Eu te falei saudades, te falei...
Eu te mostrei vontades, te mostrei...
Disse que não seria assim, disse sim...
Que não teria paz em mim...
Eu te falei verdades, te falei...
Eu te mostrei vaidades, te mostrei...
Que te queria só pra mim, disse sim...
Mas não me sinto bem assim...!

Quero o teu sorriso, bem aqui!
Quero o teu calor, pra me aquecer!
Diz o que eu preciso, pra te ter...
Meu bem, eu não sou nada sem você!

Vou te mostrar meus medos, eu vou sim...
Vou te contar segredos, bem assim...
Vem ouvir meu coração, não me diz não...
Vamos falar dessa paixão...
Vou te pedir um beijo, eu vou sim!
Vou te apertar no meu peito, bem assim!
Vamos viver juntos a emoção desse amor!
A vida sem você, não tem sabor...!

APENAS ACORDAR!

Eu quero acordar sem loucuras...
Sem culpa, sem dor, sem a necessidade
De ter um apego, um desejo, um amor...
Eu quero acordar sem loucuras!
Eu quero simplesmente acordar...
E sentir o dia, à luz do Sol...
O querer de viver assim...
Sinceramente, querendo viver!
Eu quero acordar, e com os olhos abertos,
Sorrir e sonhar um poema de amor...
E cantar uma bela canção de Caetano!
Só pra me situar que minha saída sou eu...
Eu quero acordar sem censuras...
E poder por os pés na estrada...
Com você, passear de mãos dadas...
E beijar sua boca na praça...
Eu quero acordar sem pirraça...
Atender seu pedido de boa...
Afinal, nasce um dia novo...
Cada instante, é um passo pra andar...
Eu quero acordar sem ter medo...
De poder viver bem esse dia...
Pois eu sei que o futuro é um vazio...
E a certeza é o que temos nas mãos...!

PASSO LIVRE!

A tarde vinha caindo e eu sentei...
À sombra da laranjeira eu repousei...
Ao som da minha viola eu encantei
A lua que enfim surgia como um farol,
Iluminando o sonho de um poeta...
Que na surdina da vida,
Cria a sua fantasia...
E encantando com a beleza de amar,
Procura reviver momentos de felicidade!

POP STAR!

Não sou nenhum Pop Star...
Mas eu adoro sonhar...
Com coisas maravilhosas
E com quem possa cantar...
Ultrapassar os limites,
Sem hora pra terminar...
Gastar bastante energia
Com a beleza de amar!
Quero deixar a cidade acesa
Com o brilho do meu olhar...
Fazer andar o Bonde de Santa Tereza...
Apenas com o meu pensar...
Conhecer várias garotas,
Pelo Mundo viajar...
Fotografar o infinito...
Dançar, curtir, namorar...
Ficar junto à Realeza,
Com lentes a me mirar...
Viver num mundo de sonhos...
Mas...
Não sou nenhum Pop Star!!!

NO ÍNTIMO!

E eu caminhava sem destino,
Apenas por caminhar...
Talvez procurando um chão,
Onde pudesse me firmar...
Uma terra batida, uma sombra, um lago...
E quando achei que me encontrava perdido,
Você passou por mim,
Me mostrando a direção...
Acreditei que era ilusão...
Como no deserto...uma miragem...
E ouvi o som da tua voz...
Então, vi que é real,
Que posso te tocar!
Mas ao fechar os olhos pra sonhar,
Senti a ave sinistra do amor!
Gritos uivantes, e o chão tremeu...
E eu me segurei, pra não cair na tentação!
Mas a beleza cega e nos tira a razão...
E não nos permite pensar,
Apenas agir...!
E ao agir de forma impulsiva,
Os erros aparecem bem antes dos acertos...
E o silêncio grita nos ouvidos,
Criando um eco no coração vazio!
E o sal dos olhos, molha o chão...
A sombra a noite leva,
O sonho se vai na corrente de um rio...!

SEM LIMITES!

Correr, pular, gritar,
Sem limites!
Sorrir, chorar, cantar,
Sem limites!
Sentir a brisa, o calor do Sol,
Sem limites!
Sonhar, seja com o que for...
Desde que lute para conquistar,
Sem limites!
Com coisas boas no agir,
Com atitude no pensar...
Com alegria, emoção e carinho,
Sem limites!
Fazer amigos, conhecer o novo,
Sem preconceito, se querer...
Sem limites!
Respeitar a diferença, por igual...
Aprender com a experiência de quem já passou por essa
estrada...
Que você um dia vai passar...
Sem limites!
Ser alguém ou ninguém, não importa...
Sempre será você!
E quando se apaixonar, ame e ame,
Por que sim!
Não há limites pra amar...!!!

UMA ROSA!

Uma bela canção
Simbolizada por uma rosa
Que eu achei no jardim...
E fiquei todo prosa,
Pensando que era pra mim...
E quando peguei a rosa
Pra sentir o seu perfume
Levei um susto danado...
Com alguém que me disse assim:
Homem deixe essa rosa,
Tá vendo, ela não é Prata...
Então, não fique tão Prosa...
A vida sempre é Poesia!
Não fique triste, sorria!
Lembre-se do dia de ontem...
E sim, projete o amanhã!
Mas olhe para o céu e agradeça,
Por mais um dia de luz e paz!
Depois deixe de besteira e jogue fora toda a dor!
Então, entregue com muito carinho, alegria e amor.
A quem te faz sentir feliz,
Essa rosa que encontrou...!

MUITO TESÃO ENVOLVIDO!

Eu senti seu coração, senti o seu tesão, senti a sua vontade de
amar...
E de ser amada!
E fiquei assim...
Com medo de te ter e de te perder...
Mas é muito tesão envolvido!
Tudo é tesão quando estou com você!
Um olhar, um sorriso, um simples aceno com a mão,
Uma taça de vinho, um chopp, uma bela canção...!
Um afago, um abraço, um beijo,
Um "eu te quero!"
Sou fraco quando o assunto é paixão!
E estar com você me deixa vulnerável...
Aí perco a razão e até corro perigo...
Você é linda!
E não posso me conter porque
É muito tesão envolvido!!!

UM SORRISO E O VIOLÃO!

Hoje só quero sorrir
Ver a lua e o mar
Cantar canções de Lulu Santos
Me perder e vadiar...
Fazer da noite um estouro...
Sem rojões, só com o olhar...
Com você no pensamento.
Apenas mais uma de amor!
Como o mestre já falou...
Eternas ondas!
Com você no coração...
Ondas de desejos, ondas de paixão!
Ah lua...
Deixa clara a intenção...
Hoje vou ficar só com você...
O sorriso e o violão...
Quem sabe uma estrofe
Brote desse meninão!!!

RECOMEÇO!

E na vida tem muitos caminhos
Diferentes para se trilhar...
Quando a gente pensa que encontrou o certo,
O destino vem nos complicar...
Assim como a roseira tem espinhos,
Existem pedras para tropeçar...
A queda pode parecer eterna,
Mas sempre há tempo pra recomeçar...!

UMA CANÇÃO!

Deixa eu cantar em seu ouvido,
Uma canção que tire todo o seu juízo
E te afaste da razão...
Deixa eu sussurrar um pedacinho do refrão...
Pra te contar da emoção de estar pertinho de você!
Deixa eu te abraçar...
E com você rodopiar pelo salão...
Usar a imaginação...
De estar dançando com você uma canção,
A canção!
Aquela que nos remete ao desespero,
E que nos deixa quase sem sentido...
Apenas uma vontade...um apego!
Deixa eu sentir seu coração!
Me mostra em que compasso está...
Qual é o tom do seu desejo...
Divide comigo essa harmonia...
E vamos compor uma canção de amor!
Do nosso jeito...assim...
Até o amanhecer de mais um dia!!!

TANTO FAZ!

Amor, deixa confuso o coração...
Amor, às vezes cega a razão!
Um olhar, mão na mão...
Um adeus à solidão!
E mesmo estando só...
Nos vem a percepção...
De um calor, de alguém,
Que bagunçou a emoção...
Amor, que grande competição!
Amor, desejo por atenção!
De um falar, de um tocar,
De um estar, apenas por opção!
Uma vontade de amar,
E se entregar a paixão!
Com aquele alguém que se quer...
Sem culpa, dor ou noção...
Beijo vai, riso vem...
Solidão nunca mais!
A razão...tanto faz!
Quando o amor nos faz bem!

SEM CERTEZA!

Às vezes, uma vírgula ou um ponto, colocados à frente da
palavra errada, deturpa o conteúdo de toda a redação...
Porém, há quem diga que: "existem momentos em que o não
entendimento pode ser a melhor saída!"

SEMPRE!

Sempre vou amar você...
Podem se passar mil anos!
Podem acabar os dias...
Podem as estrelas deixarem de brilhar!
O Sol se esfriar...a lua escurecer!
Meu coração até deixar de bater...
Mas meu amor sempre existirá,
Apenas por você!!!

UM SIM!

Olha, eu não sabia...
Que o teu sorriso a mim seduzia...
E a cada instante em que passava,
Algo acontecia e me tirava a atenção...
E eu então, sem perceber, também sorria...
E você ao caminhar, levava o meu olhar...
Que te seguia, na esperança de você
Olhar para trás e me perceber
Olhando para você!
Eu não entendia que o destino ali,
Já nos marcava e escrevia,
Que entre nós dois, uma história assim
Aconteceria enfim...com todo esse amor!
Hoje ao te olhar e ter certeza que ainda está aqui,
Me faz lembrar do tempo que levou pra me beijar...
E o quanto desejei ouvir você dizer um "sim"!

SONHOS!

Vento, Sol e maresia!
Pegadas na areia, sorrisos, sonhos...!
Ah! E quantos sonhos!
Um semblante sóbrio, uma menina Top!
Um calor na alma, uma paz!
Uma verdadeira Poesia!

PROGRESSO!

Não podemos permitir que os nossos sentimentos sejam
bloqueados, temos que viver, e viver...
Sempre procurando o melhor...
Podemos deixar fluir tudo de bom que há em nós...
Podemos fazer progresso, tentando realizar nossos sonhos,
Nossas vontades, nossos gostos...
Quando amamos o que temos,
Nós temos a certeza que somos ou seremos amados,
Mesmo que não saibamos por quem ou por quê...
O importante é:
Nos sentirmos bem sempre,
Viver, amar, ser e fazer com que todos se sintam,
Intensamente felizes!

FLORES!

Vejo flores, vejo amores, sinto o Sol!
Vejo cores, vejo brilho, sinto fome...
De desejos, de apegos, tenho sonhos!
Ah! Que belo formato tem a lua,
Prateada e serena...
Que clareza tem o seu luar!!!
Abro os olhos, já é dia...
Sinto o Sol!
Vejo flores, vejo brilho, sinto fome,
De café, bolo de milho, pão com ovo...
Suco de laranja, mamão com mel...!
Ah! Quantas fantasias e temores!
Sinto desejos, de apegos, tenho sonhos!
Abro os olhos, ouço vozes, ouço passos...
E no jardim vejo tudo, vejo cores...
E fico triste...
Porque apenas não consigo ver,
Onde estão os amores...!!!

PALAVRAS!

E um sábio já dizia:
"Não jogue fora suas palavras,
Não existe alegria sem choro ou choro sem alegria."
Será...?
Que as palavras que o vento leva,
São as palavras vazias?
Mas quantas são as palavras
Ditas no dia a dia,
Que podem ser classificadas
De uma palavra vazia?
Eu também não sei dizer...
Por isso pego as minhas
E vou guardando em um potinho...
E quando choro, sonho, vibro
De dor ou de alegria,
Junto todas em um caderno,
E transformo em poesia...!

MEU MEDO!

Eu sinto, pressinto o instinto...
Eu nego, desapego, renego
E finjo não notar...
Desfilo meus sorrisos e afetos...
Persigo meus sonhos, busco meu sucesso...
Às vezes corro e tropeço...
E estendo a mão pra me levantar...
E olho para os quatro lados...
As atitudes do cotidiano são improváveis...
Libertinas, tolas, românticas, rusticas e até selvagens!
Um milhão de pensamentos!
Momentos, acontecimentos, tormentos, alentos...
Ah! Quantas ideias, ideais, desejos...
Quantas verdades, mentiras, ilusões, erros, acertos e emoções...
Tudo me atrai, me distrai, me contrai...
E sinto vontade de me expor, abandonar o frio...
Trocar a caneta, por um microfone...
O silêncio, por um grito!
O papel, por um teclado...
O verdadeiro, pelo mito!
E fecho os olhos, me escondo e me retraio!
Fico e continuo assim confuso, com sono, com medo!!!

TENHO VONTADE!

Tenho vontade de me ver em teus olhos...
De me sentir em tua boca...
Me embriagar com teu cheiro...
De me dar por inteiro...
De saber que sou teu...

Tenho vontade de correr pela rua...
De me abraçar com a lua...
Me esquecer do tempo...
De viver, mais que um momento...
De gritar pra o Mundo que "eu te tenho" bem mais que um
segundo!

Tenho vontade de saber que,
Não importa a hora, não importa o dia,
Se faz chuva ou Sol...
Se o jardim está cercado de flores...
Se os outros já tiveram amores...

Tenho vontade...
Estou perto...
Estou longe...
Você está aqui...
E depois não sei onde...
Ou sei, não sei...
Apenas tenho vontade!

ANJO!

Assim sem esperar eu despertei...
E ao me deparar com meu sorriso,
Pude constatar que estava em um sonho...
Sim, ainda estava!
Não havia acordado...
Não daquele jeito,
Com um Anjo à minha frente!
Seria uma alucinação...
Uma visão...um delírio...
Ou um sentimento guardado e sem retorno!?
Talvez um desejo de vida!
E eu levantei e limpei os olhos...
Fui caminhar, tentar me distrair...
Mas aquela imagem não me saia da mente...
Uma linda e adorável imagem!
E quando pensei que não à veria mais,
Te vi caminhando,
Séria e serena em minha direção!
Uma linda mulher, uma realidade
Que minha retina havia fotografado,
Sem querer em um sonho...
Uma alegria, uma paz, uma festa!
Uma harpa de um arcanjo!
Um amor, um desejo, um Anjo!

POEIRA E PÓ!

Poeira subindo, pés no chão,
Cabelos ao vento, coração,
Vou seguindo pela estrada,
Procurando a vida, nessa louca caminhada...
O suor escorre no rosto,
A fome, a sede, o desgosto,
Caminhada de agonia...
E no peito, solidão que arredia...
Vai o Sol e vem a lua...
E eu ainda solto pela rua,
Procurando pela vida
Que jazia esquecida,
Pelo povo da grandeza que do pobre
Já tirou a Natureza...
Vou seguindo a minha sina,
Nessa estrada de ilusão...
Mãos e pés calejados,
À procura de um tostão!
Eu sou filho do Brasil,
Tenho a Paz no coração!
A vida é uma batalha,
Deus me deu a direção!
Vou fazendo a minha parte,
Pra cumprir minha missão!
Mas os homens da grandeza,
Veem o povo em desatino,
E ainda lhe tiram o pão!!!

TESTOSTERONA E DESESPERO!

Não sei se vou partir,
Pra onde tenha Sol...
Se você não esta lá,
Eu continuo só...
Você me iludiu,
Quando me disse um sim,
Daí eu arrisquei,
E você fugiu de mim...
Bala na boca, copo gelado,
Vontade louca, corpo suado,
Beijo no rosto, mão no cabelo,
Testosterona e desespero...
Eu vou ouvir um blues,
E tentar esquecer...
Essa noite tão doida,
Que tive com você...
A canção do Cazuza,
O som do violão,
A sua indiferença
E a marca de batom...
Bala na boca, copo gelado,
Vontade louca, corpo suado,
Beijo no rosto, mão no cabelo,
Testosterona e desespero...!

ESTRELA!

O poeta caminhava, perdido sem direção...
O nervoso era notado, no tremor em suas mãos...
Mas o brilho da Estrela, que ali o aguardava,
Deu alento, segurança e luz em seu coração...
O poeta então, seguiu firme a caminhada,
E sorrindo se encontrou,
Ao final daquela estrada!!!

Este livro foi publicado, graça à generosidade de alguns poetas e amigos, pessoas que fazem parte do conselho da Cooperativa Literária, projeto criado pelo poeta Evan do Carmo em 2017.

www.editoradocarmo.com.br
editoradocarmo@gmail.com
Brasília DF 14/03/2018
61-981188607
Editor
Evan do Carmo

www.ingramcontent.com/pod-product-compliance
Lightning Source LLC
Chambersburg PA
CBHW021332160726

47994CB00007B/2661